BEI GRIN MACHT SICH IHR
WISSEN BEZAHLT

- Wir veröffentlichen Ihre Hausarbeit,
  Bachelor- und Masterarbeit

- Ihr eigenes eBook und Buch -
  weltweit in allen wichtigen Shops

- Verdienen Sie an jedem Verkauf

Jetzt bei www.GRIN.com hochladen
und kostenlos publizieren

Bibliografische Information der Deutschen Nationalbibliothek:

Die Deutsche Bibliothek verzeichnet diese Publikation in der Deutschen National-bibliografie; detaillierte bibliografische Daten sind im Internet über http://dnb.d-nb.de/ abrufbar.

Impressum:

Copyright © 2013 GRIN Verlag, Open Publishing GmbH
Druck und Bindung: Books on Demand GmbH, Norderstedt Germany
ISBN: 9783668232266

Dieses Buch bei GRIN:

http://www.grin.com/de/e-book/324050/techniksoziologie-ws-2013-eine-zusammen-fassung

Ella Lamper

"Techniksoziologie" (WS 2013). Eine Zusammenfassung

GRIN Verlag

➤ Unterscheidung- Wie wird der Begriff verwendet?
- Technik, als Sachtechnik (technische Produkte, abgrenzbare physische Apparate)
- Technik, die zur Erzeugung solcher Produkte angewandt wird (Produktionstechniken) -reflexiv- Technik wird auf Technik angewendet
- Technik, um technische Verfahrensabläufe zu bezeichnen (Bsp.: Fördertechnik)
- Im Bezug auf handelnde Körper („Liebestechnik")
- Routinen/Abläufe in Organisationen

➤ Technikbegriff
- Allg. Technikbegriff vs. Apparate Technik (physische Objekte)
  → Streit zwischen Techniksoziologen
- Weiter Technikbegriff: „ etwas was eine Zusammenstellung von verschiedenen Elementen auf eine Art und Weise, sodass eine gewisse Verlässlichkeit und Wiederholbarkeit meint"
- Technische Abläufe
  → Resultat
  →Versuch Elemente kausal zu verknüpfen
- Def. 1: „ Fertigkeit zu systematischen Hervorbringen von Erzeugnissen vor allem materieller Art (apparate Technik)"
- Def.2: „ Verfahren zur Erleichterung und Effizienzsteigerung von Arbeitsprozessen zur Beherrschung bestimmter Sachverhalte" (weiter Technikbegriff)

➤ Technologie (im englischen Raum wird fast nur davon gesprochen)
- Def.: „ Lehre von der Gesamtheit der technischen Möglichkeiten zur Umwandlung naturgegebener Materie in Stoffe/Güter/Apparate die gesellschaftlich benötigt werden"
  → Aber meist erzeugen Techniken Bedürfnisse und reagieren nicht auf diese
  →Untersuchung zwischen Natur und Gesellschaft ist in der Techniksoziologie umstritten
  → ist mit bestimmten Handlungen verknüpft

➤ Warum beschäftigt sich Soziologie mit Technik?
- Spielt entscheidende Rolle in Entwicklung der Gesellschaft (Bsp.: Dampfmaschine, vormoderne → moderne Gesellschaft)
- Maschinen, technische Anlagen haben grundlegend die industriebetriebliche Arbeitsorganisation verändert
- Technische Geräte bevölkern unseren Alltag
- Erweiterung des sozialen Aktionsraums des Einzelnen (Bsp.: Waffen)
- Technische Entwicklungen lösen weitreichende soziale Wandlungen aus (Bsp.: Schrift/Radio/TV/Computer) → Datenschutz, Medizin, Bildung
- Technologien führen zu neuen sozialen Gefährdungslagen (Gentechnik, Chemieanlagen, Atombombe)

- ➤ Herstellungskontext von Techniken (Forschungsrichtungen)
  - Ausrichtung immer schon auf sozialen Kontext (Technik ist ins Soziale eingebettet, deswegen Kritik an Unterscheidung von Gesellschaft und Natur weil wir Techniken unabhängig vom Sozialen sehen)
  - Sozialer Background der Forscher und Entwickler fließt mit in die Entwicklungsarbeit ein (Lösungen je nach Kulturkreis oder Ideologien der Forscher verschieden)
  - Fabrikation einer technischen Lösung ist auch ein Prozess der sozialen Aushandlung verschiedener Interessenlagen
  - Technisches Konstruieren im engeren Sinn ist von sozialen Wertesystemen nicht frei

- ➤ Def. Techniksoziologie
  - Befasst sich mit soziokulturellen Bedingungen, Reichweiten und Folgewirkungen von Technisierungsprozessen
  - Ihr geht es...
    → sowohl um die Implikationen, die technische Veränderungen für menschliches Handeln und soziale Verhältnisse mit sich bringen
    → als auch um die gesellschaftlichen/sozialen Konstitutionsregeln unterschiedlicher Techniken
  - Untersucht werden...
    → (A) die sozialen Bedingungen der Erfindung, Konstruktion und Entwicklung von Techniken und
    → (B) die sozialen Wirkungen ihrer Ausbreitung, Institutionalisierung und Aneignung

22.10.2013	2. Karl Marx/ Feudalismus-Kapitalismus-Kommunismus

- Versucht auf empirischer Basis von Sozialstatistiken gesellschaftstheoretische Schlüsse zu ziehen
- Versucht damalige Entwicklung seiner Gegenwartsgesellschaft zu analysieren
  → Gesellschaftsentwicklung: Industrielle Revolution
- Revolutionäre Vorstellung von dem wie Gesellschaft zu sein hat (Gedanke gelangte nach England*)
  *England: entwickelste Industrie

- ➤ Industrielle Revolution
  - Hat mind. 100 Jahre gedauert
  - Ca. 1750-1850 in Europa
  - Ablösung der feudalagrarisch-handwerklichen Wirtschafts- und Sozialordnung (vorher: mehr als 90% Bauern)
  - Übergang von Manufaktur zu Fabrik
  - Technische Revolution (1765 Erfindung der Dampfmaschine, 1738 mechanische Webstühle)
    → Methode der Energiegewinnung ändert sich (überall verfügbar)
    → Verstädterung (Stadt= Handelszentrum), Mittelalter: Windmühlen funktionieren nur auf dem Land

- Hauptträger u. Nutznießertum: Bürgertum (vgl.:Mittelalter „Stadtluft macht frei")
- Karl Marx hat sich auch mit der sozialen Frage auseiander gesetzt
  → Schere zw. Reich und Arm ging immer mehr auseinander

➢ England
  - War in der Technik nicht überlegen
  - Spezifische ökonomische, gesellschaftliche und politische Gegebenheiten= potenteste Gesellschaft um in neue Technologien zu investieren
  - Besonderheit an England: Aufbau Textilindustrie (Baumwollimport) und Einführung eines Fabriksystems dass Massenherstellung ermöglicht

➢ Karl Marx
  - Marxist
  - Bekannt durch „nicht das Bewusstsein bestimmt das Leben (Hegel) sondern das Leben bestimmt das Bewusstsein"
    → Philosophie/Geschichte geht zu Ende wenn der absolute Geist realisiert wird
    → rebelliert gegen Überbetonung des Geistes (Menschen als Geistwesen)
    →(Marx sagt) Hegels Denken ist nicht unabhängig von den gesellschaftlichen Verhältnissen
    → Wie ist in einer Gesellschaft Arbeit organisiert?

➢ (Marx) „Der Mensch als Wesen das sich im tätigen Umgang mit der Natur über Wasser hält"
  - Tätige Umgang= Arbeit
  - Marx: Materialismus
  - Marx auch ein Gründer der Wissenssoziologie
    → Wissen abhängig von den gesellschaftlichen Verhältnissen in denen wir leben

➢ Marx: Arbeitswerthypothese
  - Arbeit= Schlüsselbegriff seiner Theorie
  - Alles was an Werten in einer Gesellschaft existiert lässt sich letztendlich auf Arbeit von Menschen zurückrechnen
    → jeglicher Gegenstand von Wert (Bsp.: Tisch) lässt sich dekomponieren (zerlegen) und es kommt menschliche Arbeit zum Vorschein
    → menschliche Arbeit kann sich verobjektivieren (in Gegenstand oder Technik)
    → Arbeit als bewegender Motor gesellschaftlicher Entwicklung
    →es lässt sich alles auf Arbeit zurückführen
    → Umkehrschluss: Arbeit lässt sich zum Teil auch objektivieren, d.h. Arbeit ist in Technik überführbar und umgekehrt

➢ Produktion
  - Arbeit ist in Produktionskontexte eingebunden
  - Produktion: der Ort, wo Arbeit organisiert wird
  - Historischer Materialismus: jede gesellschaftliche Veränderung ist zurückführbar auf die Produktionskonstellationen, die in einer Gesellschaft vorherrschen (wie Arbeit in einer Gesellschaft organisiert ist, nur danach unterscheiden sich Gesellschaften)

- ➢ Struktur der Produktion
  - Wechselseitiges Verhältnis zw. Produktivkräften und Produktionsverhältnissen, das für jede Gesellschaft bestimmbar ist
  - Produktivkräfte
    - Menschliche Arbeitskraft
    - Produktionsmittel (Werkzeuge, Maschinen, Kapital)
    - Naturreichtümer und Kräfte
    - Wissenschaft
    - Organisatorische Methoden der Arbeit und Produktion
  - Produktionsverhältnisse:
    - Form der Arbeitsteilung
    - Organisation von Kauf und Verkauf
    - Verteilung der Produkte
  - Arbeit als Prozess der Werte erzeugt
  - Aus dem Verhältnis von Produktionskräften und Produktionsverhältnissen ergibt sich die Jeweilige Produktionsweise

- ➢ (geschichtliche) Produktivkräfte-Produktionsverhältnisse-Sozialstruktur
  - Anfang der Geschichte: Urgesellschaft
    → es gab kein Eigentum
    →"Beutegemeinschaft"
  - Wenn eine höhere Kultur entsteht ist man in einen Antagonismus eingebunden, der aus 2 Klassen besteht
  - Für Marx ist die Geschichte durch einen Klassenkonflikt geprägt
  - Wo wird die Arbeit realisiert die dazu führt das Gesellschaft zu einem Wohlstand führt?
    → Sklaven?
    → Ständegesellschaft (Adel-Klerus), nur die beiden Klassen spielen eine Rolle

- ➢ Produktivkräfte sind das lebendige Element in der Betrachtung gesellschaftlicher Entwicklung

- ➢ In dem Moment wo eine Gesellschaft mehr Produktivkräfte generiert als dass sie über die Produktionsverhältnisse eingesetzt werden kann besteht die Chance auf Veränderung gesellschaftlicher Verhältnisse

  - Erst ab dem Punkt wo feudale Strukturen zum Hemmschuh wurden (für Bürgertum) gab es die Möglichkeit die Gesellschaft dahin zu verändern dass neue Strukturen (Produktionsverhältnisse) geschaffen werden innerhalb derer die gegebenen Produktionskräfte besser (effizienter) eingesetzt werden
  - Übergang zw. Kapitalismus und Feudalismus ist ein Ergebnis der Akkumulation von Produktivkräften und von starr gewordenen Produktionsverhältnissen

- ➢ Kapitalismus (2 arantonistische (?) Klassen)
  - Eine Seite: Kapitalisten, andere Poletrier

➤ Was macht Kapitalismus anfällig?
   - Seine eigenen von ihm geschaffenen Produktionsverhältnisse, besonders der Einsatz von effektivierter Arbeit (Technologie)
   - Einsatz von Technologie: Chance dass sich Gesellschaft verändern kann
     → deswegen beschäftigt er sich mit Technik

➤ Technik
   - Entwicklungsniveau der Produktivkräfte wird durch die Technik charakterisiert
   - Technischer Gegenstand: Produkt vorausgegangener Arbeitsprozesse und Produktionsmittel folgender Arbeitsprozesse
     → ohne Arbeitsbegriff lässt sich Technik nicht denken
     → Arbeit wird durch Technik vermittelt (Dialektik der Arbeit)
   - Industrielle Revolution vor allem gekennzeichnet durch Wandel der Technik

➤ Wandel der Technik
   - Übergang von Werkzeuggebrauch zum Maschinengebrauch
     → Was macht ein Werkzeug zur Maschine?
     → Maschine: bestimmte Arbeitsprozesse werden realisiert (in technischer Form)
   - Für Marx ist die Werkzeugmaschine, die Maschine, die maßgeblich für industrielle Revolution verantwortlich sind
     → „Werkzeugmaschine setzt die Technik in Stand, die Technik herstellt. Technik wird immer mehr zu dem Operateur der Technik herstellt."
     → Technik erzeugt neue Technik
   - Drei technische Entwicklungen waren entscheidend
     1. Werkzeugmaschine/Arbeitsmaschine
     2. Dampfmaschine
     3. Beweglicher Support

29.10.2013   3. Marx

   - Technik: verobjektivierte Arbeit + Medium

➤ Die kapitalistische Gesellschaft ist geprägt vom Fabriksystem
   - setzt sich mit Produktionsverhältnissen im Fabriksystem auseinander
   - Technik taucht nur im Zusammenhang mit industrieller Produktion auf

➤ Wie wollte Marx Kapitalismus überwinden?
   - Kommunistische Gesellschaft
   - Klassenkämpfe: Motor gesellschaftlicher Entwicklung

➤ Warum ist der Kapitalismus eine Vorstufe zum Kommunismus?
   - Kapitalismus: „Säulbruchstelle"
   - Eingeschränkte Personen müssen auf die „Barrikaden" gehen

6

- Marx geht davon aus dass sich Produktivkräfte immer weiter entwickeln/entfalten d.h. ein stetiger Zuwachs an Produktivkräften sodass es notwendigerweise zu einer Kollision kommt mit den Produktionsverhältnissen

➢ (geschichtliche) Begründung für Marx
- Es muss eine Art Notwendigkeit dass der Kapitalismus zu Ende geht/überwunden wird
- Kapitalismus schaufelt sich sein eigenes Grab weil er diejenige Gesellschaft ist die im Verhältnis zu den vorhergegangenen Gesellschaften ungleichmäßig intensieverer Form Produktivkräfte entfaltet/freisetzt aber trotzdem eine Art Ungleichheitsstruktur innerhalb der Gesellschaft besitzt sodass diejenigen die Arbeitsprozesse realisieren „leer" ausgehen und das Potential besitzen auf die Barrikaden zu gehen

➢ Unterschied Neomarxisten
- Hielten Studentenrevolte für sinnlos
- Marx ist davon ausgegangen dass der Kapitalismus eine immer ungleicher werdende Gesellschaft produziert („ Schere geht immer weiter auseiander")
  → davon konnten Neomarxisten nicht mehr ausgehen
  → Arbeitern ging es wirtschaftlich relativ gut
  → Arbeiter keine Adressaten um auf die Barrikaden zu gehen
  → „ solang es Studierenden nicht gelingt das Proletariat zu erreichen/mobilisieren bleibt es ein intellektuelles Spiel" (bringt nichts)

➢ Marx Technik
- Technik als etwas was innerhalb des kapitalistischen Systems die Verhältnisse zugunsten der „Ausbeuter" wendet
  → nicht Technik als Massenphänomen das allen zu einem besseren Wohlstand verhilft

➢ Marx: systematische Perspektive im Bezug auf menschliche Arbeit und technische Operation
- Sind prinzipiell überführbar
- Alles was Menschen im Arbeitszusammenhang realisieren kann technisiert werden
- Technisierung setzt Arbeitskräfte Frei
- Diejenigen die im Fabriksystem verbleiben werden zu einem Teil der Gesamtmaschinerie (müssen Takt/Anweisungen der Maschinen folgen)
  → Disziplinierung

➢ Marx-Fabrik-Maschinen
- innerhalb der Fabrik lässt sich ein Maschinensystem ausmachen
- Maschinensystem ist keine Anordnung gleicher Maschinen sondern eine Anordnung unterschiedlicher aber aufeinander aufbauender Maschinen
- Maschinen haben spezielle aufeinander abgestimmte Aufgaben
- Kette verschiedenartiger aber ergänzender Arbeitsvollzüge die durch Werkzeugmaschinen realisiert werden
- Es lässt sich ein automatisches System der Maschinerie unterscheiden

→ automatisches System wäre gegeben wenn die Maschinen ohne menschliche Eingriffe die Arbeitsvollzüge realisieren können
- Heute in wenigen Bereiche-

➤ Maschinerie (soziologisch)ist das technisch organisatorisches System der Fabrikorganisation, wie man Beziehungen zwischen Maschinen und Arbeitern herstellt

➤ Warum befasst sich Marx mit Technik?

- Befasst sich mit Auswirkungen eines Maschinensystems
- In wie weit werden Produktionsprozesse verändert?
- Was passiert mit Proletariern? (2 Perspektiven)
- Marx Hauptinteresse: Einschätzung der Auswirkungen von Technik auf
  1. Umwälzung des kapitalistischen Produktionsprozesses
  2. Stellung des Lohnarbeiters im Produktionsprozess

➤ Fabrikmäßige Arbeitsteilung
- Beruht auf Äquivalenz menschlicher und maschineller Arbeitsfunktion

➤ Technikfolgen
- Mechanisierung der „zerteilten" Arbeitsprozesse
- Stabilisierung der Herrschaft, wer die Verfügungsgewalt über die Produktionsmittel hat, hat Macht
- Technik zur Erpressung der Arbeiter → Technik als Konkurrenz
- Arbeit wird zur bloßen Ware
- Zunehmende Anforderungen an die Mobilität (innerhalb und zw. Fabriken)
- Entwicklung von speziellen Qualifikationsanforderungen für besondere Fragestellungen (z.B. Instandhaltung)
- Industrielle Reservearmee, Konkurrenz für die Arbeiter
- Umwälzung gesellschaftlicher Handlungsmuster (Technik erzeugt neue Bedürfnisse und neue Formen ihrer Befriedigung)
- Soziokulturelle Veränderungen (Unterscheidung privat/öffentlich)
- Veränderung der Klassenstruktur (Poletarier gibt es erst wenn bestimmte kapitalist. Strukturen geschaffen sind)
- Frauen und Kinderarbeit
- Massenfertigung überschwemmt die Märkte mit Produkten
- Technik u. Wissenschaft geben dem Kapital d. Möglichkeit zur Expansion
- Wachsende Kapitalintensität und fortschreitende Technisierung der Produktion
- Völlig neue Produktionszwänge/Arbeitsbereiche
- Erfahrung/Geschicklichkeit der Arbeitskräfte wird durch methodisch objektiviertes Wissen und mechanisch fixierte Operationen setzt
- Maschine befreit nicht den Arbeiter von der Arbeit sondern seine Arbeit vom Inhalt („Entfremdung")
- Gesamtbewegung in der Fabrik geht nicht vom Arbeiter sondern Maschinerie aus

- Einführung der Maschinen trennt die Arbeiter voneinander und verstärkt die Konkurrenz zwischen ihnen um den Arbeitsplatz
- Maschine verringert die Menge notwendiger Arbeiter und damit vergrößert sie die Mehrwertrate
- „ Herrschaft der vergangenen Arbeit in Form von Maschinen über die lebendige"
- Trennung der intellektuellen und physischen Arbeit durch Maschinen
- Kapitalistische Produktion vernichtet durch rationale Arbeitsteilung die naturwüchsigen Arbeitsverhältnisse und ersetzt sie durch Geldverhältnisse

→ Marx ist nicht Technik feindlich
→ Technik= zentraler Motor der Produktivkräfte und die Möglichkeit der Veränderung weil sie Produktivkräfte entfesselt und das Proterialat(?) die Revolte anzettelt
→ zur Überwindung des Kapitalismus

Wurzeln der Techniksoziologie: Marx-Durkheim- Weber-Gottl- Oltlilienfeld : Gründungsväter
- Haben Technik berücksichtigt aber keine Techniktheorien vorgelegt

Durkheim
- ➢ Technik als soziologischer Tatbestand (oder Technik als Institution)
- Soz. Tatbestand: etwas von außen wirkendes aber im Inneren eines Individuums wirksam werdendes Phänomen das einen Handlungsdruck ausübt
  → soziale Phänomene die uns vorschreiben wie wir zu handeln haben (z.B. Normen/Werte)
- „Gussform in die wir unser Handeln gießen"
  → Gussformen: kollektive Phänomene, außerhalb der Gestaltbarkeit jedes Einzelnen
  → wir reproduzieren Gussformen und legitimieren sie damit

- ➢ Es geht um die Handlungsweise die als die entschiedenere beachtet wird im Umgang mit Technik
- Moralischer Druck der von Technik ausgeht wie mit einem umzugehen ist
- Eine sinnadäquate Verwendung der Technik ist in ihr manifestiert
- Technik führt dazu dass wir in einer bestimmten Weise unser Handeln ausrichten
- Forderung Durkheims: Realisieren einer soziolog. Morphologie
  (Analyse wie Techniken/materielle Gegebenheiten und Menschen und deren Handeln wechselwirken)
  → wurde von seinen Schülern Marcel Mauss und Max Weber realisiert

Mauss
- Studie über Eskimos
- Perspektive von Durkheim bezieht Technik als einen handlungsnormierenden Einflussfaktor auf gesellschaftliche Gegebenheiten ein und begreift es als ein konstruierendes Element dafür wie die Gesellschaft aufgebaut ist
- Technik ist im Aufbau von Sozialstrukturen genauso wirksam wie das kollektive Verhalten von Menschen innerhalb der Gesellschaft

- Techniken produzieren nicht den Wandel von Gesellschaften sondern stehen für stabilisierende Elemente

---

05.11.2013   4. Max Weber (Nachtrag) und Gottl-Ottlilienfeld

➢ Max Weber ist Namensgeber versch. Spezieller Soziologien

➢ Max Webers zentrale Begriffe (um Gesellschaft zu beschreiben)
- Soziales Handeln /Handeln
- Handeln : ein Verhalten mit dem ein Akteur einen subjektiven Sinn verbindet
- Soziales Handeln: ist ein Handeln dass seinen subjektiven Sinn auf das Verhalten anderer ausrichtet
    → Handeln muss immer in Relation gedacht werden zum Verhalten eines anderen, auf das hin das Handeln ausgerichtet wird
    → Max Weber sagt nichts über Technik weil Soziologie sich nur mit sozialem Handeln befasse, dies ist mit Maschinen nicht möglich
    → Konsequenz: alle materiellen Aspekte soz. Handelns fallen „raus"
    → Unterstellung: Weber ist ein Anti-Marxist
    → Technik kann nur Anlass oder Ergebnis sozialen Handelns sein
        • Anlass: „Reparierst du meinen Pc?"
        • Ergebnis: Menschen arbeiten zs. um etwas entstehen zu lassen
    → Soziales Handeln kann durch Technik gefördert oder gehemmt werden
        • Fördern: Handy-Kommunikation
        • Hemmen: Stadtmauer-Gefängnis

➢ Max Weber benutzt zwei Technikbegriffe
1. enger (OHP, Internetzugang...)
2. weiter
    - Technik in Zusammenhang mit Handeln wenn unter Absehung des Zweckes nur noch um den Einsatz der effizientesten Mitteln geht
    - Moderne ist dadurch geprägt dass die Zeit immer weiter in den Hintergrund rückt und das rein technische Handeln Überhand nimmt
        • Technische Handlungsabläufe nehmen Überhand
        • Zwischenmenschliches wird beschränkt
        • „Stahlhartes Gehäuse der Hörigkeit" (Zweckrationalität in Reinform ohne andere sinnstiftungs-Komponenten)

➢ **Friedrich von Gottl-Ottlilienfield (1868-1958)**
- Ökonom der starke Tendenz dazu hatte soziologische Aspekte einzubringen, unter der Perspektive des Grundprinzips dass die Gesellschaft (gesellschaftl. Moderne) sich in einer Rationalisierungsphase befindet
    → Teilt Webers Rationalisierungsgedanken
    → Baut auf dieser Basis einen Techniktheorie auf

10

- ➤ 4 Arten von Technik (Technikbegriffe)
  1. Individualtechnik
     - Wenn es um die Beeinflussung der seelisch-körperlichen Disposition des Menschen
       - Wenn er etwas an seinen Körper ändert oder in den „Seelenhaushalt" eingreift, Bsp.: „Selbstbeherrschung"
       - Technik hat Einfluss auf unsere Verhaltensweise
  2. Sozialtechnik
     - Etwas am Sozialen wird in einer technischen Form verändert
       - Eingriff in die soziale Beziehung des Miteinanders, Bsp.: Technik des Debattierend
  3. Intellektualtechnik
     - All das was wir kognitiv realisieren im Sinne von dem Einsatz von Methodik kann als eine solche Technik bezeichnet werden, Bsp.: Rechentechnik
  4. Realtechnik
     - Eingriff in die Phänomene der anorganen Natur
       - Sach- u. Gerätetechnik o. Nanotechnologie (Technik im engeren Sinn)

- → wenn er von Technik redet, meint er Realtechnik
- → zentrale Frage: Welche Verbindung besteht zw. Wirtschaft und Technik?
  - In der Wirtschaft geht es um Bedürfnisbefriedigung und bei der Technik um die Ermöglichung einer Bedürfnisbefriedigung und wie diese befriedigt werden kann
- → Kausal betrachtet ist Technik der Wirtschaft nachgeschaltet
  - Historisch gesehen umgekehrt, zuerst gab es Technik und dann den Wirtschaftsprozess

- ➤ 4-stufiges Wechselverhältnis zwischen Wirtschaft und Technik
  1. Wirtschaft stellt Technik die Probleme und Aufgaben

12.11.2013	5. Arnold Gehlen (1904-1976)

- ➤ Person und Ansicht
  - wird mit philosophischen Anthropologie in Verbindung gebracht
    - versucht den Menschen im Tier-Mensch-Vergleich zu bestimmen (Vorwurf: Biologismus)
  - Mensch als Mängelwesen siehe Herder (nicht Geistwesen)
    - Geist als abhängige Größe und Ergebnis bestimmter biologischer Dispositionen (Grundausstattungsbedingungen), keine Voraussetzung
    - der Mensch zeichnet sich dadurch aus dass er durch Mängel gekennzeichnet ist (keine Instinkte bzw. besonderen körperlichen Dispositionen, unangepasst und primitiv)

11

- Nietzsche (greift ein Zitat von ihm auf) „Der Mensch ist das nicht festgestellte Tier" *nicht festgestellt: nicht identifiziert, n. festgelegt
  - Wie schafft es der Mensch sich am Leben zu erhalten? (Ausgangsfrage)
  - Zentraler Begriff: „Entlastung"
    - Um sein Leben zu führen muss sich der Mensch an allen Stellen, wo es nur möglich ist entlasten (Steigerung von Handlungsmöglichkeiten in der Zukunft)
  - Der Mensch hat morphologische Besonderheiten (aufrechter Gang und abgespreizter Daumen, die eine Form der Entlastung sind)

➤ Stufen der prinzipiellen der sinnlich-motorischen Konstitution des Menschen
  - Stufenfolge, jede tiefere Stufe ist mit der nächst höheren aufgehoben („überboten")
    - Bsp.: Kleinkind: unterste Stufe: Tastsinn, Nächsthöhere: Sehsinn (man muss nicht tasten um Dinge zu erkenne-Distanzierung der Objektwelt, man kann mehr erfassen)
      →Nächsthöhere Stufe muss die Grenze der tieferen aufheben
    - Höhere Stufe: Gehirnleistung/kombinatorische Fantasie (Kind kann sich vorstellen dass Mama in der Küche ist)
    - Höchste Stufe: Sprache (Voraussetzung um einen vollständigen Handlungskreis* zu realisieren)
      → mit der Sprache kommt das Denken
      * vollendeter Handlungskreis: Kombination dieser versch. Elemente/Fertigkeiten
      → Entlastung der biologischen Mängelausstattung des Menschen
      →Denken ist eine biologische Bestimmung des Menschen, dient der Lebenserhaltung& ist praktisch
      → Handlungskreis: Zusammenspiel von Tastsinn, Sehsinn, kombinatorischer Phantasie und Sprache

➤ Handlungen und Triebe
  - (Tier) Überlebensinstinkte, die auf Erstbefriedigung ausgerichtet sind
  - (Mensch) es gibt kaum organisch festgelegte Triebe beim Menschen, Triebe sind formbar (das genaue Gegenteil was man unter Trieben versteht)
    - Triebe werden Antriebe genannt, wegen der Formbarkeit
  - Besonderheit des Menschen: Aufgeschobene Bedürfnisse führen zu einem Hiatus (Entkopplung von Antrieb und Handeln)zw. Bedürfnisse und Befriedigung
    - zeitliche Diskrepanz, Bedürfnisse müssen nicht sofort befriedigt werden
    - die Innenwelt des Menschen wird mit Zielbildern versehen, die in komplexen Handlungsketten umgesetzt werden müssen
    - Innenwelt des Menschen: Ausdruck dafür dass er eine künstliche Welt realisieren kann

→ Triebe des Menschen sind an realisierbare Handlungen angelehnt

    - Handlung und Trieb ermöglichen dem Menschen die Welt zu formen,

in der Form dass die Welt selbst in der er lebt weitestgehend von ihm geschaffen wird
- Gefahr: Zielbilder können sich verselbstständigen

    • Mensch bedarf Außenhalte (um zu verhindern dass von der Realität abgekoppelte Zielbilder realisiert werden-„Spinnerei"-), meint damit Institutionen (Werte, Normen)

    → Institutionen entlasten, Ideen zu produzieren die nicht realisierbar sind

➢ Technik (=Entlastung)
- Mittel zur lebenserhaltenden Entlastung
    • menschliche Mängel werden in Chancen der Lebensfristung umtransformiert
- Technische Artefakte (z.B.: Projektor) werden als künstliche Organe begriffen
    • Erweiterung der leiblichen Ausstattung
- Technik ist auf den Menschen und alles was ihn ausmacht ausgerichtet und ist dafür konzipiert einen optimalen Handlungskreis zu generieren ,der bestmöglich die Welt so umbaut wie es im Sinne des Menschen gedacht ist
- Planung-Realisierung-Korrektur
    • Technik ist immer ein Element das verbessert werden kann (Annäherung an optimalen Handlungskreis)
    • Technik ist ein reines Kulturprodukt
- Zielvorstellung: perfekter Handlungskreis zur Entlastung der eigenen Unsicherheit

➢ Resonanzphänomen
(Neben der Entlastungsfunktion beruht die Entwicklung der Technik auf dem Resonanzphänomen)
- Der Mensch weist von Natur aus Rhythmen auf -in Organismus und Natur (Bsp.: Herzschlag)
- Rhythmen werden auf die von ihm geschaffenen Dinge übertragen

    → schlägt sich in Technik nieder und führt zur Formierung des menschlichen Antriebslebens (Auf Basis der Sequenzierung durch Technik können die Handlungsvollzüge planvoller umgesetzt werden= Entlastung, Maschine sagt uns in welchem Rhythmus wir etwas zu tun haben)
➢ Technik& was sie mit den Organen in der menschlichen Organausstattung macht, menschliche Organentlastung erfolgt auf 3 Stufen:
    1. Organersatz
        • Technik stattet den Menschen mit künstlichen Organen aus, deren Funktion der Mensch nicht besitzt , Bsp.: Schwert, vgl. Schwertfisch
        • Stufe der Werkzeugkultur
        • Mensch braucht physische und kognitive Fertigkeiten
    2. Organverstärkung
        • Technik kompensiert die organische Disposition des Menschen in einer bestimmten Weise, Leistung wird erhöht, Bsp.: Hammer, vgl. Faustschlag
        • Stufe des Maschinenzeitalters
        • Mensch braucht kognitive Fertigkeiten& wird von den physischen entlastet
    3. Organüberbietung durch Organausschaltung

- Technik tritt an die Stelle eines menschlichen Organs, das diese Aufgabe sonst realisieren würde, Bsp.: Auto beim Transport, vgl. Fußweg
- Stufe der Automation
- Mensch wird von seinen kognitiven Fertigkeiten entlastet

→ keine weitere andersgeartete Entlastungsleistung möglich (keine fundamentalen technischen Neuerungen), da komplexestes Organ entlastet/ersetzt wurde

→ „Ende der Geschichte", Auskristallisierung gesellschaftlicher u. technischer Gefüge, innerhalb dieser Konstellationen ist keine radikale Neuerung möglich, das Neue muss selbst neu definiert werden, aber technische Entwicklung schreitet voran (Kombinationstechnologien) nur ohne fundamentale Neuerung

→ Stufenfolge bezieht sich auf alle biologischen Dispositionen des Menschen und auf die Frage wie Arbeit in der Welt realisiert wird

→Technik entspricht dem Wesen des Menschen

➢ Superstrukturen (bilden sich heraus, im Hinblick auf gesellschaftliche Entwicklung)
- Kombination von Wissenschaft, Technik und Produktion zu einem
- Stellen ein technisches Kalkül dar
- Verfestigen sich in den gesellschaftlichen Strukturen und regelt die gesell. Prozesse
- Motor gesellschaftlicher Entwicklung (?)
- Bewirken:
  - Verarmung an Erfahrung
  - Dauerreflektion
  - Erstarken der Institutionen im instrumentellen Sinn
  - Natur ist kein Ausdrucksmedium des Menschen mehr
  - Sachzwänge

→auf der einen Seite gibt es eine Milderung technischer Entwicklung durch die Superstrukturen(Kombinationsneuerungen), auf der anderen Seite ein sich immer mehr vereinzelnder Mensch, der aufgrund der Vereinzelung keinen Halt von den Institutionen erfährt und diese gegenüber den Superstrukturen keine Rolle(?) spielen, damit werden die Superstrukturen nochmals verstärkt

→Ausbreitung einer experimentellen Denkungsart

➢ Experimentelle Denkungsart
- Das methodische Instrumentarium wird selbstläufig
- Arrangieren gegebener variabel einsetzbarer& permutierbarer Methoden wird zunehmend zum technologischen Verfahren
- Selbst zwischenmenschliche Beziehungen und Bewusstseinsstrukturen werden unterlaufen
- Gehlen greift Wiener auf der von „Kybernetik" gesprochen hat

- Kybernetik war der Auffassung dass über den Informationsbegriff jegliche Systeme steuerbar sind (technische sowie soziale Systeme)
- Es sei prinzipiell möglich Maschinen zu bauen, die in der Lage sind soziale Systeme zu steuern
- Es sei wichtig sich eine Vorstellung zu machen was Nachrichten* sind und wie diese ausgewertet werden, *Nachrichten: zeitliche Abfolge von Informationen, die sich nur auswerten(rückkoppeln) lassen wenn man so etwas wie ein Gedächtnis oder einen Speicher hat
  → es ist möglich künstliche Intelligenz zu produzieren
  →immer mehr wird der Erfahrungsraum durch die neuen Kommunikationsmedien eingeschränkt (virtuelle, anonyme Welt der Kommunikationsapparate)
  → Aufmerksamkeit des Menschen verschiebt sich auf reibungslosen Ablauf, auf das verfahrensmäßig-planbezogene in der Technik

---

19.11.2013	6. Systemtheorie (Luhmann, 1927-1998)

- ➢ Werkreihen
  1. Theorie der Gesellschaft
     1984: soziale Systeme
     - Fand die Gegenwartsgesellschaft sehr komplex und hat diese beschrieben
     1997: die Gesellschaft der Gesellschaft
  2. Soziologische Aufklärung (6 Bände)
     - In Anlehnung an die Auseinandersetzung mit Habermas (kritische Theorie) hat er einen neuen Aufklärungsbegriff definiert
     - Aufklärung als Abklärung der Möglichkeiten die Gesellschaft zu beschreiben
     - Soziologie hat nicht den Anspruch über die Gesellschaft wertend zu urteilen oder Gesellschaftstypen eine Präferenz gegenüber anderen zu geben
     - Soziologie soll Grundstrukturen beschreiben
  3. Sozialhistorische Betrachtungen
     Gesellschaftsstruktur und Semantik Bd. 1-4, Liebe als Passion
     - Erklärt wie es zur Gegenwartsgesellschaft gekommen ist, Liebe als Voraussetzung
     - Im MA-Gesellschaften gab es bestimmte Konstellationen die Menschen zu bestimmten Handlungen gebracht haben (z.B. vordef. Hierarchieordnung)
     - Gilt auch für den Liebesmarkt, im MA wurde von den Eltern abgenommen wen man heiratet (meist gleicher Stand) aber in einer stratifikatorischen Gesellschaft war die Heirat auch die Möglichkeit aufzusteigen
     - Luhmanns Argumentation: wenn in einer Gesellschaft die Spitze „gekappt" wird kommt es zu der Frage was kommunikativ relevant ist und was nicht, da die Bestimmungskonstellation fehlt und dann stellt sich die Frage wen man heiratet
       → Die Belletristik hat eine Semantik (Liebessemantik) eingeführt der Akteuren ermöglicht eine Auswahl zu treffen
       → Liebe ist ein notwendiges Korrelat aus der Überfülle an Möglichkeiten ein reduzierbares Maß an Möglichkeiten zu realisieren

→ Alle bedeutenden Begriffe der Gegenwartsgesellschaft werden betrachtet, unter dem Aspekt: „Wie kann ein Phänomen unter der gesteigerten Möglichkeit an Kommunikation, eine sinnvolle Auswahl hergestellt werden, dass Anschlusskommunikation wahrscheinlich wird?"

➢ Allgemeine Systemtheorie
- Geht davon aus dass sich verschiedene Systemtypen voneinander differenzieren lassen
  • Maschinen kann man als bestimmte Systeme bezeichnen die eine Differenz zu ihrer Umwelt besitzen, aber keine autopoietischen Systeme (weil nicht autop. Geschlossen und kann nicht ihre eigenen Ermöglichungsbedingungen schaffen)
  • Auch Organismen sind Systeme
  • Es gibt psychische Systeme (Bewusstseinssysteme) und soziale Systeme

➢ Autopoietische Systeme/selbstreferentielle Systeme
- „die Systeme produzieren die Elemente, aus denen sie bestehen, durch die Elemente aus denen sie bestehen"
  → Operativ geschlossen
  → Alles was im System erscheint ist Eigenleistung des Systems
- Zugleich offene Systeme da die Umwelt, Nachschub an Energie und Informationen liefert
- Selbstgesteuert (Prozesse, die man in diesem System vorfindet sind Ergebnis vorausgegangener Prozesse dieses Systems)
- Psychische& soziale Systeme sind autopoietische Systeme
  • In ihnen ist ein Operator am Werk der selbstgesteuert alle Folgeoperationen innerhalb des Systems steuert
  • Operator kann nur in jedem System selbst ausgemacht werden, in der Umwelt der Systeme gibt es ihn nicht

➢ Psychische Systeme
- Bewusstseinsprozesse (Gedanken, Gefühle, Träume...)
- Funktioniert nur so lange, wie Bewusstseinsprozesse weitere Bewusstseinsprozesse wahrscheinlich machen
  → Zielsetzung eines Systems: Ermöglichung des Folgeprozesses

➢ Wie schafft ein System es die Folgeoperation wahrscheinlich werden zu lassen?
➢ Soziale Systeme
- Operator: Kommunikation
  → Soziale Systeme bestehe nur aus Kommunikation
  → Nur diese Prozesse sind das Bestimmungselement dieser Systeme
  → Mensch ist in der Umwelt sozialer Systeme

➢ Soziale Systeme& psychische Systeme
- Sind operational unerreichbar
  → Bewusstseinssysteme können nicht Kommunikationen spezifizieren, und Kommunikationsprozesse können nicht Bewusstseinsinhalte spezifizieren
- Strukturelle Kopplung durch Sprache

→ Formung des Wahrnehmungsmediums
→ Soziale Systeme nutzen Sprache als Medium zu Gewinn neuer Formen: Sätze
- Können sich nicht wechselseitig operativ spezifizieren (beeinflussen in ihrer Operationsweise)
- Können sich wechselseitig beobachten
- Das was psychische Systeme auf der emotional-gedanklichen Ebene produzieren läuft viel schneller ab als das was soziale Systeme produzieren, dafür kann das Produkt sozialer Systeme viel mannigfaltiger sein als das was psychische Systeme über Gedanken/Emotionen erfassen können
- Sind sinnverarbeitende Systeme (operieren im Medium des Sinns)

➤ Wechselverhältnis: System und Umwelt
- Muss in einer Stufenfolge betrachtet werden
    → Stufenfolge bringt es mit sich dass Kommunikationen nur noch sinnvoll auf dieser Stufe der Emergenz bestimmt werden können
    • Organismen (Menschen) sind die notwendige Voraussetzung dafür dass so etwas wie psychische Systeme entstehen können
    • Psychische Systeme sind die notwendige Voraussetzung dafür dass soziale Systeme entstehen
    → Mensch (als Organismus) in der Umwelt ist notwendig damit soz. Systeme funktionieren
- Luhmann spricht von „Emergenz"
    • Phänomen das sich auf der nächsthöheren Stufe zeigt ist nicht erklärbar durch die Analyse der Prozesse der unteren Stufe
    • (Emergenz von sozialen Systemen)unverhofft/ohne Absicht der Beteiligten werden Situationen hergestellt, die eine Eigendynamik entwickeln, deren man sich nicht entziehen kann

➤ Soziale Systeme
- Wir benötigen essentiell soziale Systeme um das Defizit zu kompensieren, dass wir nicht wissen können was der andere denkt und ihn nicht steuern können
- Garantieren nicht Verständnis, sondern Anschlusskommunikation, dabei ist es nicht von Bedeutung was psychische Systeme für Impressionen mitverknüpfen in Bezug darauf was sich sozial abspielt
- Sind von anderen Systemen, in ihrer Operationsweise, nicht spezifizierbar (deswegen sind Systeme füreinander operativ unerreichbar)
- Was ein System beobachtet entscheidet es selbst
- Systeme müssen eine derartige Umweltsensibilität haben dass genau die Informationen, die für ihr Fortexisitieren notwendig sind erhalten werden (offene Systeme, die Offenheit wird durch das System selbst hergestellt)

➤ Trivialmaschinen
- z.B.: Kühlschrank
- es gibt einen definierten Input (z.B. Getränke), Regel (z.B. kühlen), Output (z.B. kaltes Getränk)
- technische Systeme sind immer Trivialmaschinen!

> Nicht- Trivialmaschine
- Es gibt auch Regeln, diese werden aber noch auf den Eigenzustand des Systems rückbezogen
    → Eigenzustand für dazu dass das System unzuverlässig auf den gleichen Input ein Output produziert
- z.B.: Menschen (bzw. psychische Systeme)

> Luhmanns Kritik am Bildungssystem
- Lehrer behandeln Schüler als Trivialmaschinen, da der Eigenzustand nicht berücksichtigt wird

> Selbstreferentielle Systeme können...
    1. Operieren
- Systemeigene Reproduktion der ereignishaften Elemente eines Systems
    2. Beobachten
- Systeme beobachten sich selbst und die Umwelt
    *Selbstbeobachtung: nimmt die eigenen Operationen des Systems in den Blick
    * Umweltbeobachtung: beobachtet systemexterne Ereignisse (z.B. Ereignisse anderer Systeme)
        → Beide Beobachtungen sind notwendig damit sich das System weiterhin in Differenz zur Umwelt operativ fortsetzen kann

> Strukturelle Kopplung (von psychischen und sozialen Systemen)
- Es gibt ein Medium in dem beide Operationstypen prozessieren können
    (d.h.: Gedanken können im Medium der Sprache realisiert werden-Man kann vor dem geistigen Auge Sätze formulieren, „Selbstgespräch")
        → Das was operativ stattfindet kann sich in einem Medium manifestieren

> Operationen (gehört zu „Selbstreferentielle Systeme")
- (1. Art) Es gibt Operationen die unmittelbar Anschlussoperativität des Systems herstellen wollen (im sozialen Systeme z.B. Fragen)
- (2. Art, die das Beobachten miteinschließt) das was sich sonst operativ ereignet kann von System beobachtet werden, Ereignisse können sich im System das beobachtet lokalisiert werden (Selbstbeobachtung) oder die Umwelt wird beobachtet (Umweltbeobachtung)
- Beobachtungen haben Einfluss auf die Operationsweisen (Element das steuert welche Anschlussoperation vom System gewählt werden soll)

> Gesellschaft/ binäre Codes/Teilsysteme
- Überall wo Kommunikation beobachtbar ist findet Gesellschaft statt
- Es gibt funktional ausdifferenzierte Teilsysteme der Gesellschaft (in der Gesellschaft) die zum Teil selbst eine autopoietische Schließung realisiert haben (Operationsweise, die nur in dem System selbst vorfindbar ist, z.B.Wirtschaft- Zahlung)
- Operationsweise agiert immer mittels eines binären Codes (Zahlung/nicht-Zahlung)
- Bildungssystem ist kein autop. Geschlossenes System und operiert mit einer Semantik (z.B. Kind)
- Symbolisch generalisiertes Kommuikationsmedium?
- Macht ist kein dauerhaft funktionierendes Medium (da sie beim Einsatz verloren geht)